Le pique-nique de Franklin

HACHETTE

RETROUVEZ Franklin EN PREMIÈRE BIBLIOTHÈQUE ROSE

- Franklin magicien
- Franklin ne veut pas dormir
- Franklin lit une histoire
- Franklin et sa trottinette
- Franklin détective
- Franklin et le monstre de l'étang
- Le pique-nique de Franklin

D'après la série TV *Franklin* produite par Nelvana Limited,
Neurones France s.a.r.l. et Neurones Luxembourg S.A.
Basé sur les ouvrages écrits par Paulette Bourgeois et illustrés par Brenda Clark.

Franklin est une marque déposée Kids Can Press Ltd.
Le personnage de Franklin a été créé par Paulette Bourgeois et Brenda Clark.

Cet ouvrage comprend deux histoires, initialement parues sous les titres :
Franklin's Picnic 2005, et *Franklin Has the Hiccups*, 2005.

Franklin's Picnic, a été écrit par Sharon Jennings et illustré par Sean Jeffrey, Sasha McIntyre et Shelley Southern.
Basé sur l'épisode de la série TV *Franklin's Picnic*, écrit par Brian Lasenby.
Franklin Has the Hiccups, a été écrit par Sharon Jennings et illustré par Céleste Gagnon, John Lei, Sasha McIntyre et Laura Vegys.
Basé sur l'épisode de la série TV *Franklin Has the Hiccups*, écrit par Kim Thompson.
Publié avec l'autorisation de Kids Can Press Ltd., Toronto, Ontario, Canada.

Adaptation de Natacha Godeau

Hachette Livre, 43, quai de Grenelle, 75015 Paris.

Le pique-nique de Franklin

Franklin sait compter de deux en deux et lacer ses chaussures. Il aime aussi se régaler de mouches. Le problème, c'est que ses amis n'ont pas toujours les mêmes goûts que lui...

Ce jour-là, Franklin et ses amis jouaient au base-ball. La petite tortue allait frapper la balle, lorsque Martin s'écria :

— Il est midi, je dois rentrer déjeuner !

Vite, il partit en courant. Et vite, Basile, Lily et Éloïse l'imitèrent.

— Mais c'était mon tour de jouer… ! soupira Franklin.

Alors, il rentra déjeuner
chez lui, lui aussi.

Puis il retourna au parc attendre ses amis, pour finir la partie.

Il attendit…

…et attendit.

Quand tout le monde arriva enfin, Franklin déclara :
— J'ai une idée ! Et si demain on faisait un pique-nique ? Je m'occupe de tout !
— Génial ! se réjouirent les autres.

Au dîner, Franklin annonça la nouvelle à ses parents.

— Je vais préparer des sandwiches, et des biscuits aux mouches !

— Tes amis aimeront cela ? s'étonna Papa.

— Bien sûr ! sourit Franklin. C'est si bon !

Hum… Papa et Maman semblaient en douter…

Franklin confectionna donc ses biscuits.

Il mélangea du sucre, des œufs, de la farine.

Il ajouta des mouches chocolatées à la pâte,

Qu'il étala, coupa et enfourna.

Quand les biscuits furent cuits, Franklin en goûta un.

— Miam ! Mes amis vont adorer !

— Tu es sûr ? s'inquiéta Maman.

— Oh oui ! Sûr et certain !

Le lendemain enfin, Franklin prépara les sandwiches.

Il trancha un très grand pain aux mouches,

Qu'il tartina ensuite de beurre de mouches.

Sans oublier la bonne confiture de mouches.

Quand les sandwiches furent terminés, Franklin en goûta un.

— Miam ! Mes amis vont adorer !

— Tu es sûr ? s'inquiéta Maman.

— Oh oui ! Sûr et certain !

Franklin ouvrit la glacière.
Il y rangea les biscuits et les sandwiches, ainsi qu'un litre de sirop de mouches.
— Ça va être un super pique-nique ! se réjouit-il.

Il courut alors au parc, où il joua avec ses amis jusqu'à midi.

— J'ai faim ! dit soudain Éloïse.

— J'ai très faim ! renchérit Martin.

— Moi aussi !
gémit Lily.

— Et moi donc !
fit Basile.

— Que le pique-nique
commence !
s'exclama
Franklin.

Martin étala la
nappe sur l'herbe.

Lily posa les
verres et les
assiettes.

Basile et Éloïse apportèrent la glacière.

Et Franklin installa le repas.

Chacun s'assit.
— Qu'as-tu préparé ? demanda Lily avec appétit.
— Sandwiches et biscuits aux mouches, avec sirop de mouches ! lança Franklin.

— Mais je déteste les mouches ! grogna Basile.

— Oui, nous aussi ! renchérirent les autres.

— Je préfère les fourmis, ajouta Lily.

— Nous aussi !

— Mais pourtant, c'est bon les mouches ! protesta Franklin.

Franklin se servit de tout, beaucoup. Ses amis l'observaient de près.

— Quel délice ! dit-il en mordant dans un sandwich. Les autres froncèrent les sourcils.

— Essayez juste
une bouchée !
les encouragea
Franklin.

— Après tout,
réfléchit Martin.
J'ai si faim…
— Oui, nous aussi !

Alors chacun prit un sandwich. Chacun prit une bouchée. Chacun mâcha bien et avala…

Et…
chacun s’étrangla : Beurk !

La Maman de Franklin arriva à ce moment-là.

— Qui a encore faim ? proposa-t-elle. J'ai une pizza !

— Youpi ! applaudit tout le monde.
— C'est une pizza aux mouches ? trembla soudain Martin.
— Non, sourit Maman. Aux fourmis !
Et chacun mangea deux parts. Sauf Franklin.

— Des fourmis ? grimaça-t-il. Beurk !

Franklin a le hoquet

Franklin sait compter de deux en deux et lacer ses chaussures. Il sait aussi manger vite, très vite ses repas. Oui mais l'ennui, c'est qu'il mange parfois quand même un peu trop vite…

Un midi, Martin téléphona à Franklin.

— Tu viens au cinéma avec moi ?

— Ne quitte pas !
dit Franklin.

Et il alla demander à
Maman.

— Je peux accompagner Martin au cinéma ? supplia-t-il. Je t'en prie, dis oui !

— C'est d'accord, sourit
Maman.
Youpi ! Franklin sauta de
joie !
— Mais finis d'abord ton
déjeuner, ajouta Maman.
Alors Franklin courut
prévenir Martin.

Franklin mangea vite, très vite son déjeuner.

Il engloutit son sandwich.

But son lait d'un trait.

Avala presque tout rond son biscuit !

— Et voilà ! termina-t-il.

Il cria « au revoir » en courant à la porte…

Quand : Hic ! il eut le hoquet.

Franklin hoqueta jusque chez Martin l'ourson.

Il hoqueta jusqu'au cinéma.

Et il hoqueta même
pendant le film !
— Chut ! gronda tout le
monde.
— Hic ! continua Franklin.

Il eut encore le hoquet
après le film, et jusqu'à la
maison.
— Bouche ton nez et bois
un verre d'eau,
conseilla
Papa.
Franklin
suivit bien ces
instructions.

— Hic ! Hic !

Maman eut alors une idée.
— Souffle fort dans un sac en papier !
Franklin souffla et…
— Hic !

— Pas de panique, le rassura Papa. Ton hoquet va bientôt s'arrêter.

Bientôt, d'accord… Mais quand exactement ?
Franklin eut le hoquet en dînant.

Il eut le hoquet en prenant son bain.

La nuit aussi, il
eut le hoquet.

Il hoqueta au
petit déjeuner.

Et hoqueta
encore sur le
chemin de
l'école…

Tous ses amis voulurent l'aider.

— Retiens ta respiration un moment, fit Basile.

Franklin obéit et…

— Hic ! Hic !

— Presse ton ventre,
proposa Raffin.
Franklin
essaya et…
— Hic !
Hic !

Lily décida de l'effrayer.
— Bouh ! cria-t-elle.
— Hic !
sursauta
Franklin.

Alors, M. Hibou l'amena à l'infirmerie.

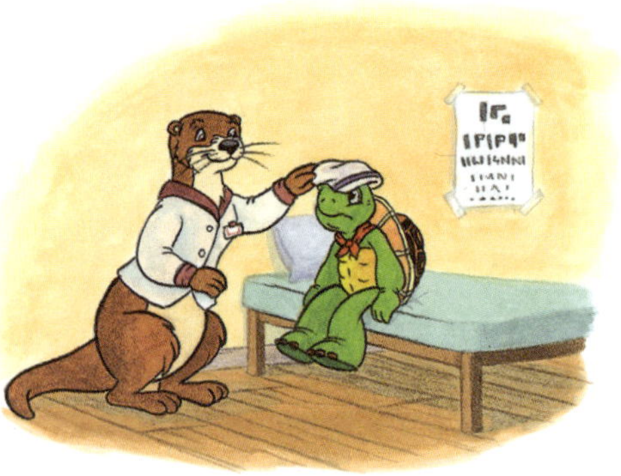

L'infirmière réconforta Franklin. Elle lui posa une compresse sur le front.

Ensuite, elle l'allongea au calme, dans le noir.

— Détends-toi, Franklin, recommanda-t-elle.

— Hic ! répondit la petite tortue. Hic ! Hic ! Hic !

Après l'école, Franklin croisa son ami Jack, au parc.

— Bonjour, hic, Jack. J'ai un affreux hoquet !

— Je sais comment te soigner, lança le lapin.

— Suspends-toi
la tête en bas !
Franklin tenta sa
chance, mais…
— Hic ! Hic !

Il fit aussi une bulle
de chewing-gum, et…
— Hic !
Elle éclata !

Il traversa ensuite dix fois
le parc en courant,
seulement…
— Hic ! Hic !
Rien ne marchait !

Le soir, à table, Papa demanda :
— Et ton hoquet, Franklin ?
— Hic ! soupira la petite tortue.
— Téléphone à Grand-Mère, suggéra Maman.
Elle connaît de bons remèdes.

Franklin composa
le numéro.

— Allô ? fit
Grand-Mère.
— Hic ! répondit Franklin.
Allô ? Qui est à l'appareil ?
J'écoute !

— Hic ! répéta
Franklin.

Et Grand-Mère raccrocha !
Alors, Papa la rappela
pour lui expliquer.

Grand-Mère vint sans tarder.
Elle saupoudra de poivre
son mouchoir rose.

— Inspire bien fort, Franklin !
dit-elle en lui tendant le
mouchoir sous le nez.
Franklin inspira et…

— Atchoum ! éternua-t-il. Atchoum ! Atchoum ! Atchoum !

Quand il cessa enfin, toute la famille attendit le hoquet et...

— Je suis guéri !
chanta Franklin.

Vite, il annonça la
grande nouvelle à
Martin.

— C'est super !
s'exclama l'ourson.
Je t'invite à dormir
à la maison !

Et Franklin courut demander
à Maman.
— Je peux dormir chez
Martin ? Je t'en prie, dis oui !
— C'est d'accord, sourit
Maman.
Youpi ! Franklin sauta de joie !
— Mais finis d'abord ton
dîner, ajouta Maman.

Franklin mangea vite, très vite son dîner. Il engloutit sa soupe.

But son lait d'un trait.

Avala presque tout rond son dessert !

— Et voilà ! termina-t-il.
Il cria « au revoir » en courant
à la porte, quand…

— Hic !

Il eut le hoquet.